2. Lese-stufe

Alexandra Fischer-Hunold

Der verrückt verhexte Geburtstag

Mit Bildern von Tessa Rath

Ravensburger

Bibliografische Information der Deutschen Nationalbibliothek:

Die Deutsche Nationalbibliothek verzeichnet diese Publikation
in der Deutschen Nationalbibliografie.
Detaillierte bibliografische Daten sind im Internet
über http://dnb.d-nb.de abrufbar.

4 6 5 3

Ravensburger Leserabe
© 2019 Ravensburger Verlag GmbH
Postfach 24 60, 88194 Ravensburg
Umschlagbild: Tessa Rath
Konzept Leserätsel: Dr. Birgitta Reddig-Korn
Design Leserätsel: Sabine Reddig
Textredaktion: Nina Schiefelbein
Produktion & Satz: Weiß-Freiburg GmbH – Graphik und Buchgestaltung
Printed in Germany
ISBN 978-3-473-36145-8

www.ravensburger.de
www.leserabe.de

Inhalt

Ein seltsamer Geburtstag

Heute ist Klaras Geburtstag.
Sonst steigt ihr beim Aufwachen
schon Kuchenduft
in die Nase.

Und wenn sie in die Küche stürmt,
steht der Kuchen auf dem Tisch,
dekoriert mit bunten Kerzen.

Die Geschenke liegen
neben ihrem Platz,
Luftballons schweben
unter der Decke,
und Mama und Papa schmettern
laut „Happy Birthday" für Klara.
Aber heute ist alles anders.
Klara steht in der Küche
und schaut sich
traurig um.

In der Spüle türmen sich
Teller, Tassen und Töpfe.
Der Boden ist voller Krümel,
die in Klaras nackte Füße piksen.
Die ganze Wohnung ist
ein einziges Durcheinander.
„Toller Geburtstag!", seufzt Klara.
Kurz darauf stellt sie zwei Tassen,
eine Kanne mit frischem Tee und
einen Topf Honig auf ein Tablett.
Das trägt sie zu Mama und Papa.
Die beiden liegen krank im Bett.
Ihre roten Nasen tropfen
wie undichte Wasserhähne,
und ihre Gesichter sind fiebrig rot.

„Herzlichen Glückwunsch
zu deinem siebten Geburtstag!",
krächzen sie heiser im Chor.
„Es tut mir so leid!", wispert Mama.
„Wir holen die Feier nach!",
hustet Papa wie ein erkälteter Bär.
„Schon gut!", nickt Klara tapfer.

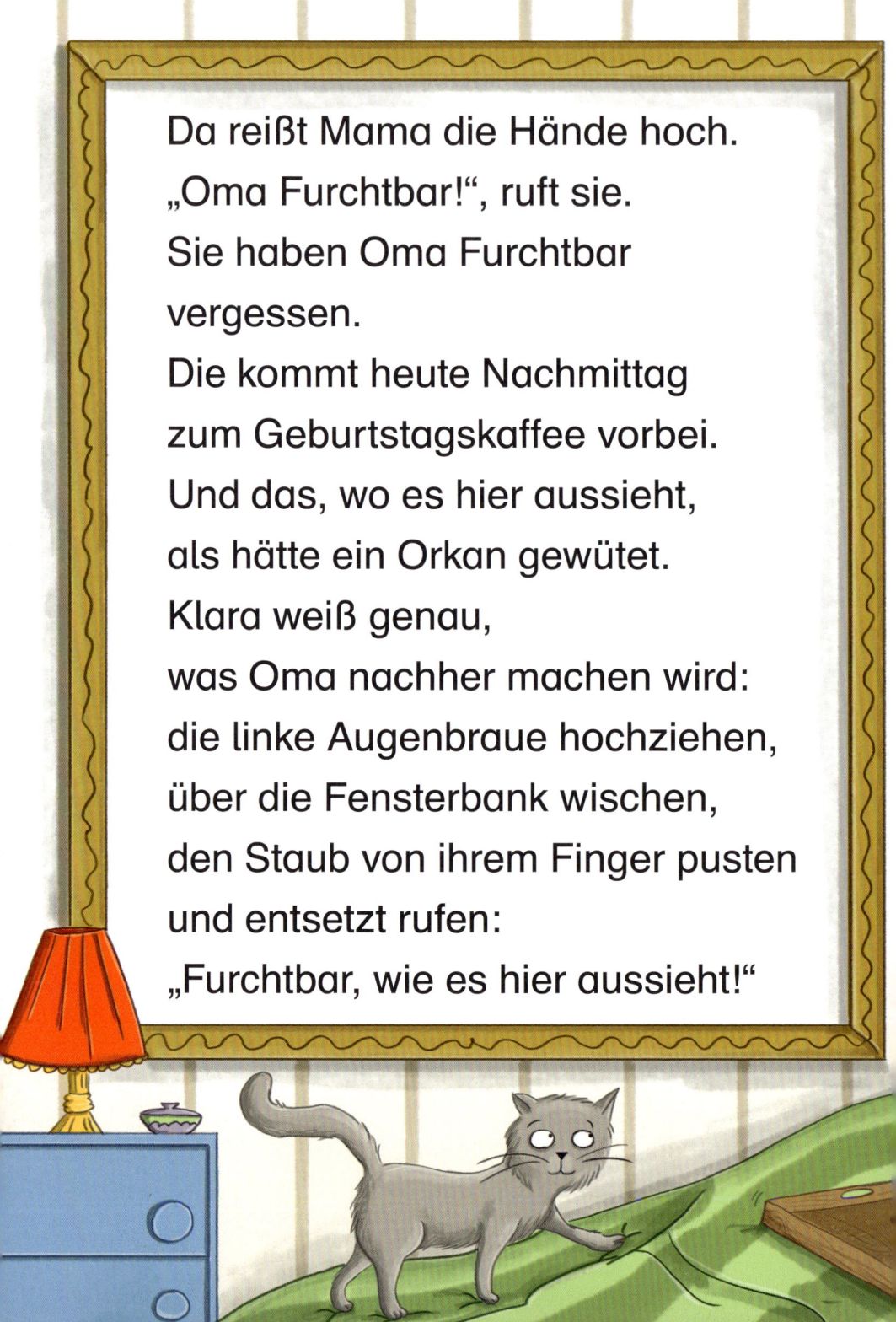

Da reißt Mama die Hände hoch.
„Oma Furchtbar!", ruft sie.
Sie haben Oma Furchtbar
vergessen.
Die kommt heute Nachmittag
zum Geburtstagskaffee vorbei.
Und das, wo es hier aussieht,
als hätte ein Orkan gewütet.
Klara weiß genau,
was Oma nachher machen wird:
die linke Augenbraue hochziehen,
über die Fensterbank wischen,
den Staub von ihrem Finger pusten
und entsetzt rufen:
„Furchtbar, wie es hier aussieht!"

Mama wird bleicher als die Wand,
und Papa zieht sich jetzt schon
die Decke über den Kopf.
„Keine Panik!", ruft Klara mutig.
„Ich mach das schon!"

Wie sieht bei dir zu Hause ein
Geburtstagsmorgen aus?

Frage

Auftrag: Aufräumen!

„Lea? Alarm!",
brüllt Klara in den Hörer.
„Die Kurzfassung:
Mama und Papa sind krank.
Absolutes Durcheinander.
Oma Furchtbar im Anmarsch!"

„Bin schon auf dem Weg!",
verspricht Lea sofort.
Lea ist Klaras beste Freundin,
und sie wohnt gleich nebenan.

Bewaffnet mit Eimer, Schrubber
und Staubtuch
steht sie wenig später vor der Tür.
Um den Kopf hat sie sich
ein buntes Tuch gewickelt.
Ihre Hände stecken
in grünen Gummi-Handschuhen.

„Wo soll ich anfangen?",
will sie wissen.
„Geh du ins Wohnzimmer",
sagt Klara.
„Ich starte in der Küche."
Klara räumt das dreckige Geschirr
in die Spülmaschine,
gibt Reinigungspulver dazu
und drückt auf Start.

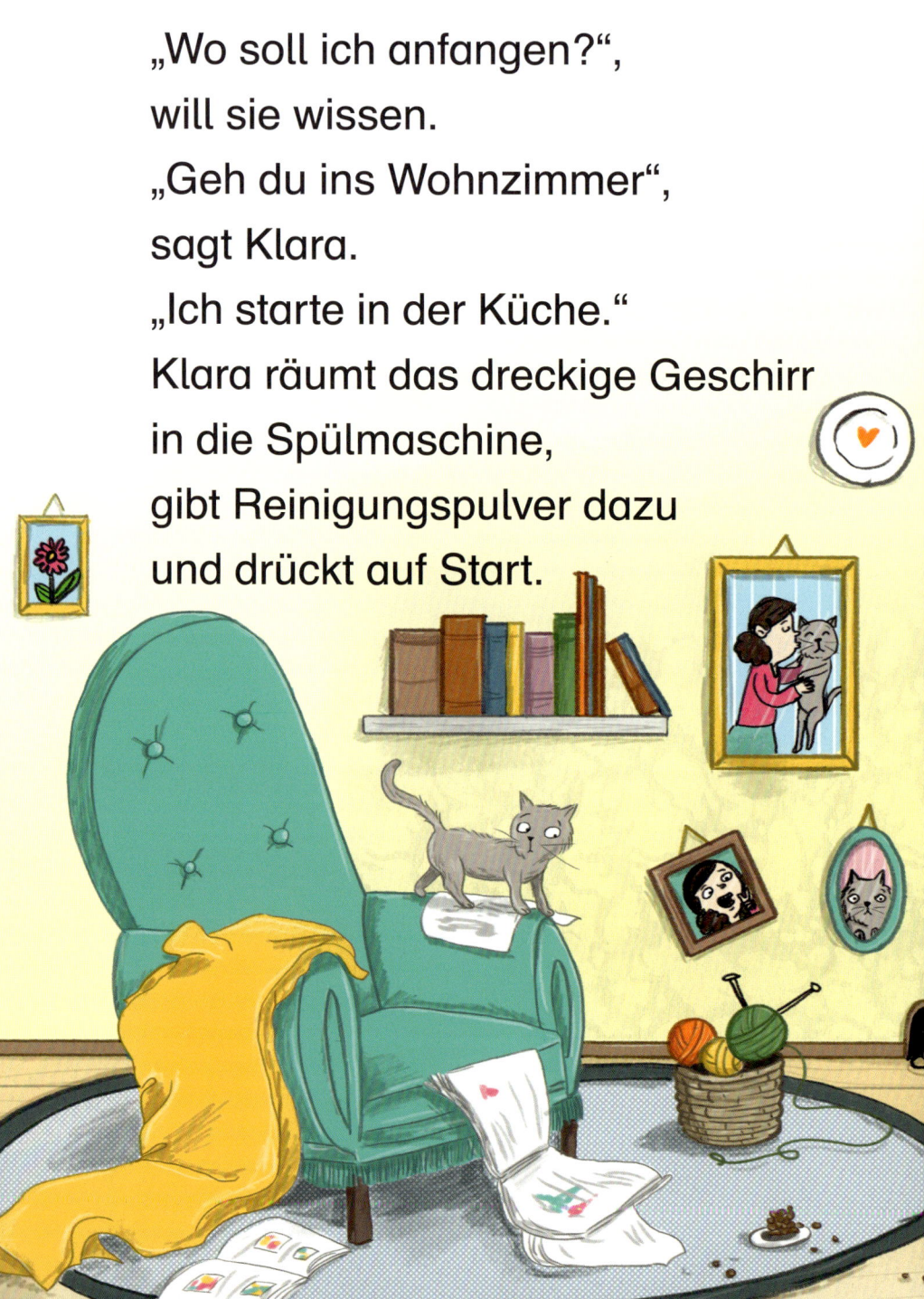

Lea legt im Wohnzimmer los.
Puh, was hier alles so rumliegt!
Lea sammelt alte Zeitungen,
einen angebissenen Apfel und
das Strickzeug von Klaras Mama auf.
„Igitt!" Lea hält sich die Nase zu.
Mit spitzen Fingern hebt sie
die Socken von Klaras Papa auf.

Jetzt geht's ans Staubwischen.
Mit großen Kreisen fährt Lea
mit dem Lappen über den Esstisch.
Sie ist so in Fahrt,
dass sie immer kräftiger wischt.
Bis sie – oh nein! –
Papas Puzzle vom Kölner Dom
vom Tisch fegt.

Alle tausend Teile prasseln
auf den Boden.
Und dabei war es doch fast fertig!
Lea starrt auf die Bescherung.
Klara bekommt davon nichts mit,
der Staubsauger ist viel zu laut.
Sie schiebt ihn vor und zurück,
vor und zurück.

Wie ein gefräßiger Hai verschlingt
er den ganzen Dreck.
„Nanu!", wundert sich Klara,
weil das Kabel plötzlich hakt.
Ein kräftiger Ruck reicht,
das Kabel ist frei –
und Mamas Topfpflanze trudelt
wie ein Kreisel über den Boden.
Dabei verteilt sich die Blumenerde
gleichmäßig im Raum.

„Was ist das?", ruft Lea plötzlich.

Aus der Küche quillt weißer Schaum
durch den Flur bis ins Wohnzimmer.
Dort vermischt er sich mit der Erde
zu schmierigem, grauem Matsch.
Klara schnuppert. Oh, nein!
Hat sie etwa Waschmittel
in die Spülmaschine getan?
Ihr steigen Tränen in die Augen.
„Wir schaffen das nicht alleine",
stellt Lea traurig fest.
„Wir müssen deine Eltern
fit bekommen. Irgendwie!"

Wobei kannst du zu Hause schon helfen?

Frage

Kochen ist (k)eine Hexerei

„Kraftsuppe!", schlägt Klara vor.
„Wenn ich erkältet bin,
kocht Mama die auch oft für mich.
Davon wird man ganz schnell
wieder gesund."
„Prima Idee!", findet Lea.
„Und wie macht man die?"

Das Rezept steht im Kochbuch
von Oma Furchtbar.
Bei ihrem letzten Besuch
hat sie es zum Glück vergessen.
Klara und Lea waten
durch den hohen Schaum
in die Küche.
Oben im Regal
bei den anderen Kochbüchern
steht auch das von Oma Furchtbar.

„Magisches Kochbuch"
steht auf dem Umschlag.
Der ist braun, aus Leder
und sieht sehr, sehr alt aus.
Die Seiten knarzen geheimnisvoll,
als Klara das Buch aufschlägt.
„Kraftsuppe!", murmelt sie leise.
„Seite fünfundvierzig."
Schnell blättert sie dorthin.
Klara und Lea beugen sich
über das Buch.

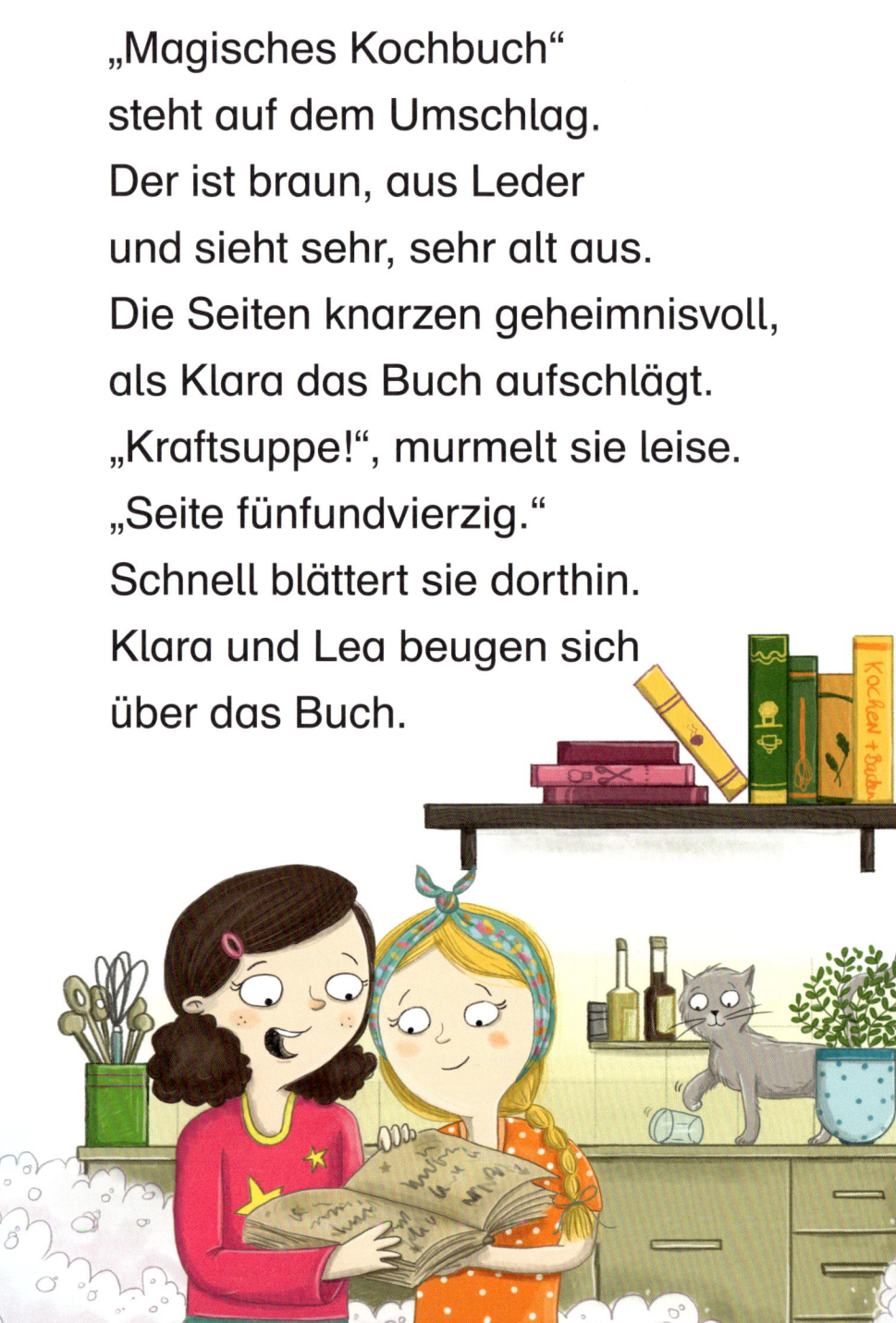

„Kraftsuppe", liest Lea laut vor.
Sie zieht die Stirn kraus.
„Achtung: Wenn eine Hexe
diese Suppe kocht,
wird aus der Kraftsuppe
eine Quatschsuppe!"
„Was ist denn eine
Quatschsuppe?",
wundert sich Klara.
„Eine Suppe, die Quatsch macht.
Oder eine Suppe,
die ganz viel quatscht",
schlägt Lea kichernd vor.

Sie füllen Wasser in einen Topf.

„Okay, wir brauchen:

kichernde Erbsen,

lustige Linsen,

trällernde Tomaten,

pupsende Petersilie

und alberne Äpfel",

liest Lea aus dem Kochbuch vor.

Die beiden prusten los vor Lachen.

Klara huscht durch die Küche,

schaut in Schränke und Regale

und sucht die Zutaten zusammen.

„Alles da!", freut sie sich.

„Jetzt müssen wir die Sachen

waschen und schnippeln."

Das ist schnell erledigt.
Klara will alles in den Topf kippen,
doch Lea hält sie am Arm fest.
Sie tippt auf das Rezept.
„Du musst die Namen murmeln,
während du die Zutaten
in die Suppe gibst.
Das steht hier nämlich auch!"
Klara tut, was Lea
gesagt hat.

Bald duftet es sehr lecker.
Klara und Lea tragen
zwei dampfende Teller
zu Mama und Papa.
„Essen ist fertig!",
rufen sie im Chor.

Frage Welche Zutaten würdest du in eine Kraftsuppe tun?

Eiermatsch

„Hmm!", macht Mama,
als sie die Suppe probiert.
„Die ist aber köstlich!",
ruft Papa begeistert.
„Prima!", jubeln Klara und Lea.
„Dann seid ihr bestimmt
gleich wieder fit!"

25

Aber warum kichern und prusten
Mama und Papa plötzlich so?
Sie können überhaupt nicht
aufhören zu lachen.
Lea schaut Klara fragend an,
aber die weiß auch keine Antwort.
„Kissenschlacht!", brüllt Papa da
und schnappt sich sein Kissen.
„Ha! Ha!", ruft Mama
und schwingt ihr Kissen
durch die Luft.
„Mama! Papa!", kreischt Klara.
„Hört auf damit! Sofort!"

Aber die beiden denken
gar nicht daran.
Sie kämpfen eifrig,
bis die Kissen aufplatzen
und Hunderte weißer Federn
durch das Zimmer wirbeln
und aus dem Fenster schneien.
Klara und Lea springen
durchs Zimmer
und jagen hinter den Federn her,
um sie einzufangen.

„Was für ein Spaß!",
ruft Mama gut gelaunt.
„Und jetzt probieren wir aus,
ob man wirklich
auf rohen Eiern laufen kann!"
„Nein!", schreit Klara erschrocken
und pustet sich eine Feder
von der Nasenspitze.

Aber da stürmen Mama und Papa
schon los.
„Super Idee!", hören die Mädchen
Papa im Flur jubeln.
In wilder Panik rasen sie hinterher.
Mit dem Eierkarton hüpfen
Mama und Papa ins Wohnzimmer.
„Stooooop!", brüllt Lea,
so laut sie kann.

Aber Mama hört nicht auf Lea.
Sie verteilt schon die Eier
auf dem flauschigen Teppich.
„Dann wollen wir mal!",
grinst Papa
und nimmt Mama an die Hand.
Knack, knack, knack!
Eiermatsch!
Klara laufen die Tränen
über die Wangen.

„Wie sollen wir das nur wieder
in Ordnung bringen?",
seufzt Lea hilflos.
Bevor Klara antworten kann,
fliegt das Fenster auf.
Die Mädchen machen große Augen.
Oma Furchtbar braust
mit vollem Karacho herein.
Auf einem Besen!

„Oma Furchtbar!", kichert Mama.
„Du bist viel zu früh dran!
Hier sieht es nämlich noch
ganz furchtbar aus!"
„Das denke ich nicht!",
erwidert Oma Furchtbar.
Kopfschüttelnd schaut sie sich um.
„Ich glaube eher,
der Hexenalarm hätte mich ruhig
noch früher rufen können."

Frage Warum machen Klaras Eltern so
viel Quatsch?

Das beste Geschenk der Welt

Oma Furchtbar zieht
die Nase kraus.
Sie schnüffelt.
„Klara?", fragt sie forschend.
„Was hast du gemacht?"
„Nichts, Oma!",
will Klara gerade antworten,
da trifft sie etwas Klebriges
und läuft an ihrem Bein herab.

„Entschuldigung!",
trällert Papa und erklärt:
„Matschepampe-Eierschmiere-
Weitwurf-Wettbewerb!
Wer macht mit?"
Oma Furchtbar guckt Klara
immer noch an.
„Quatschsuppe?", fragt sie nur.
Doch Lea schüttelt den Kopf.
„Nein, Kraftsuppe!"

„Verstehe. Das haben wir gleich!",
verspricht Oma Furchtbar.
Sie hebt die rechte Hand,
wedelt damit in der Luft herum
und murmelt leise vor sich hin.
Plötzlich ist der ganze Spuk vorbei.

Mama und Papa sitzen
völlig verdattert,
aber normal auf dem Teppich.
Die Wohnung blitzt wie nie,
und alles ist picobello
aufgeräumt.
„Wie hast du das gemacht,
Oma Furchtbar?",
wundert sich Klara.
„Und wieso kannst du
auf einem Besen fliegen?"

Was Klara jetzt erfährt,
ist eine echte Sensation!
„Oma Furchtbar,
du bist eine Hexe?
Und ich auch?",
kreischt Klara begeistert.
Ja, es stimmt,
Klara ist
eine waschechte Hexe.

Das ist sie seit ihrer Geburt,
aber hexen kann sie erst seit heute.
Seit ihrem siebten Geburtstag,
denn das ist bei Hexen
nun mal so.

„Deshalb hast du
keine Kraftsuppe gekocht,
sondern Quatschsuppe gehext.
Und deshalb haben deine Eltern
nur noch Unsinn gemacht",
erklärt Oma Furchtbar.
„Na, wenn das so ist!", lacht Klara.
Und jetzt hexen die beiden Hexen
munter um die Wette:
Luftballons, Konfetti,
Geburtstagskuchen, bunte Kerzen
und ein Meer von Geschenken.
„Hach!", seufzt Klara überglücklich.
„Was für ein verrückt verhexter
Geburtstag!"

Was würdest du hexen, wenn du es
könntest?

Frage

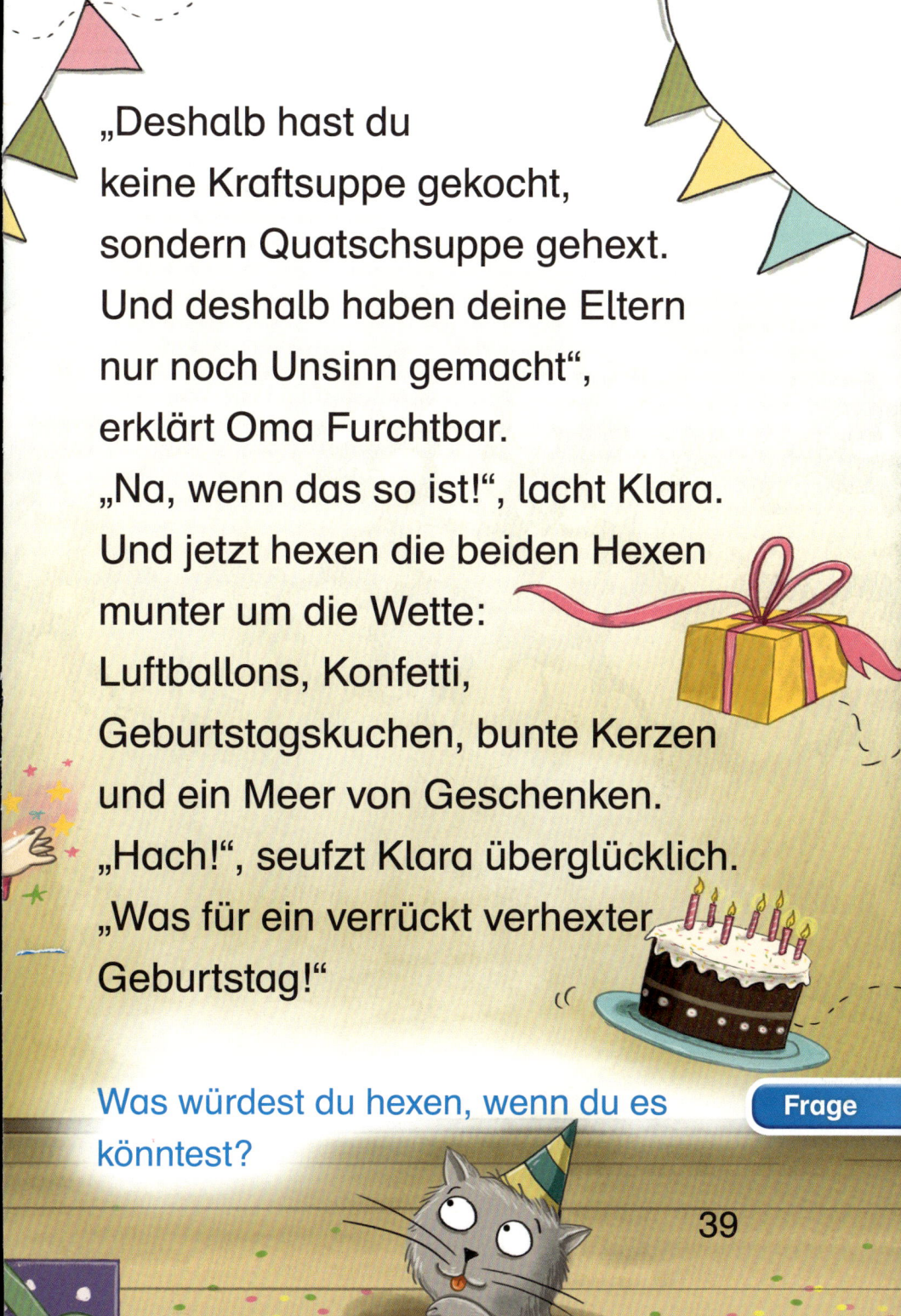

Leserabe Leserätsel

Rätsel 1

Viel zu viele Buchstaben!

Streiche die Buchstaben, die zu viel sind.

Karümobelz

Repiozepst

Hemaxetrei

Rätsel 2

Wörter ohne Grenzen

Wie viele Wörter aus der Geschichte findest du?

BESENHONIGMATSCHKUCHEN

OMAEIMERTOPFSCHAUMBUCH

Lösungen
Rätsel 1: Übrig bleiben Krümel, Rezept, Hexerei
Rätsel 2: Besen, Honig, Matsch, Kuchen
Oma, Eimer, Topf, Schaum, Buch

Wörter im Versteck

Insgesamt sind sechs Wörter versteckt.
Kreise sie ein.

P	F	E	D	E	R
U	S	F	L	C	H
Z	K	Ü	C	H	E
Z	T	Y	H	G	X
L	E	M	O	R	E
E	E	D	R	U	P

Fragen zur Geschichte

Wer kennt sich aus mit Hexen?

Mit _____ Jahren können Hexen hexen.

Sie fliegen auf _____. Ihre Rezepte stehen

in einem Buch aus _____.

Lösungen
Rätsel 3: Puzzle, Tee, Chor, Hexe, Feder, Küche
Rätsel 4: sieben, Besen, Leder

Rätsel für die Rabenpost

Was stimmt? Ersetze die richtige Zahl
durch den passenden Buchstaben.
Dann erhältst du das Lösungswort.

	Ja	Nein
Lea ist eine Hexe.	9	19
Klara saugt Staub.	21	5
Das Puzzle hat hundert Teile.	3	16
In den Kissen sind Federn.	16	8
Papa wirft mit Eiern.	5	24

A 1	B 2	C 3	D 4	E 5	F 6	G 7	H 8	I 9
J 10	K 11	L 12	M 13	N 14	O 15	P 16	Q 17	R 18
S 19	T 20	U 21	V 22	W 23	X 24	Y 25	Z 26

Lösungswort:

☐ ☐ ☐ ☐ ☐

Rabenpost

Bitte frage deine Eltern!*

Super, geschafft!

Jetzt ist es Zeit für die Rabenpost.
Wenn du das Lösungswort herausgefunden hast,
kannst du tolle Preise gewinnen, aber bitte frage
vorher deine Eltern, ob du mitmachen darfst!

Gib es auf der Website ein:

▶ www.leserabe.de

oder schick es mit der Post an:

Lösungswort:

An
den LESERABEN
RABENPOST
Postfach 2007
88190 Ravensburg
Deutschland

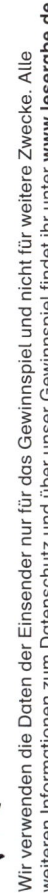

* Wir verwenden die Daten der Einsender nur für das Gewinnspiel und nicht für weitere Zwecke. Alle weiteren Informationen zum Datenschutz und über unser Gewinnspiel findet ihr unter **www.leserabe.de**.

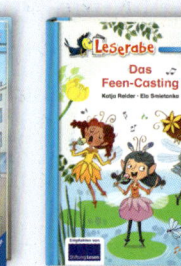

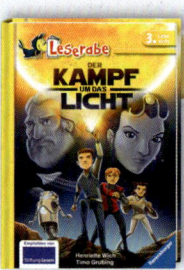